AF224612

Dédié à la Garde nationale

LES

FRANÇAIS DE L'AVENIR

NOUVEAU GOUVERNEMENT

PAR

A. ARDOIN

Sergent fourrier, 3e compagnie, 229e bataillon.

Prix : 75 Centimes

PARIS

ASSOCIATION GÉNÉRALE TYPOGRAPHIQUE

BERTHELEMY ET Ce

19, RUE DU FAUBOURG—SAINT-DENIS, 19

1871

LES FRANÇAIS DE L'AVENIR

NOUVEAU GOUVERNEMENT

PAR

A. ARDOIN

Sergent-fourrier, 3e compagnie, 229e bataillon.

A LA GARDE NATIONALE

Compagnons d'armes,

Notre campagne militaire est terminée; une nouvelle se présente, campagne pacifique, ayant pour objet : la liberté, la consacration de nos droits politiques, la réforme de nos institutions sociales et administratives.

A la garde nationale incombe cette tâche glorieuse.

Son patriotisme en assurera l'exécution ;

Son dévouement et son union en garantiront la réussite.

Le programme est tout tracé dans cette brochure. Que la garde nationale veuille bien en accepter la dédicace.

A. ARDOIN,

Sergent-fourrier, 3e compagnie, 229e bataillon.

PRÉFACE

Le 24 janvier dernier, au moment où toute la population de Paris était sous le coup d'une émotion bien justifiée, en présence des événements incompréhensibles qui se sont passés lors de l'attaque de Montretout et de Garches, attaque qui devait être notre délivrance si nos chefs avaient été plus habiles ou mieux intentionnés, le 24 janvier, dis-je, on pouvait lire dans les colonnes du journal *l'Électeur libre* ce qui suit :

UN PLAN DE DÉFENSE

Nous recevons la lettre et la communication suivantes :

*Monsieur le rédacteur en chef de l'*ÉLECTEUR LIBRE.

Paris.

Monsieur,

Prenant en considération le vœu que vous émettez avec raison dans votre estimable journal, que le Gouvernement de la défense nationale voudra bien aujourd'hui, en vue des circonstances exceptionnelles dans lesquelles le pays se trouve, et principalement la ville de Paris, accueillir toutes les idées qu'un vrai patriotisme peut faire germer dans le cerveau de tout véritable Français, dévoué à la cause de son pays, — pour arriver à repousser l'ennemi de nos murs, — j'ai l'honneur de vous remettre ci-inclus le résumé d'un plan conçu depuis longtemps, étudié avec soin, et dont je suis disposé expliquer les rouages devant une commission spéciale militaire et civile.

Si vous croyez, monsieur le rédacteur, devoir donner l'hospitalité de ce résumé dans les colonnes de votre journal si répandu, je vous y autorise, en vous priant de me croire votre tout obligé.

Il est temps d'agir sérieusement et avec énergie, et les idées d'un homme étranger à l'art militaire, mais mieux renseigné par des travaux tout pratiques, peuvent quelquefois offrir des avantages non prévus par les gens spéciaux.

Veuillez agréer, monsieur le rédacteur, l'assurance de mes sentiments tout respectueux.

A. ARDOIN.

PLAN ADMINISTRATIF

1º Réorganiser entièrement et d'une manière toute spéciale le service des portes de Paris;

2º Créer un état-major nouveau, composé principalement d'éléments jeunes, ardents, intelligents, recrutés dans tous les cadres de nos armées, et après examen approfondi;

3º Décréter une discipline de fer dans toute l'armée;

4º Rendre chacun responsable de ses actions. Punir sévèrement, selon les lois militaires, chefs ou soldats qui auraient manqué à leurs devoirs;

5º Réunir immédiatement en un seul faisceau 200,000 hommes, dont on fera six corps d'opération;

6º Chaque corps d'opération devra être constitué comme suit :

I. D'un état-major de 20 officiers uniquement chargés de la transmission des ordres écrits; II. D'un groupe de 20 officiers chargés spécialement de veiller à l'approvisionnement des munitions nécessaires au corps d'opération, à leur transport, et à la nature des munitions en rapport avec les moyens de l'attaque; III. D'un groupe de 20 officiers chargés des approvisionnements des vivres de toutes sortes, des besoins de matériel, réparations, et qui devront se mettre en rapport direct avec l'intendance militaire; IV. A chaque corps on devra attacher : deux ingénieurs militaires, deux ingénieurs civils, deux photographes; V. Chaque corps devra, en outre, être possesseur de trois phares électriques, et chaque officier supérieur pourvu d'une bonne lorgnette marine;

7º Réorganiser entièrement le service des ambulances. Eviter les encombrements de longues files de voitures vides, qui empêchent la régularité du service de l'artillerie et de l'infanterie;

8º Alléger, autant que possible, le soldat, chargé ridiculement de sacs, tentes bidons, gamelles; ne lui laisser que son fourniment, son fusil, afin que ses mouvements soient parfaitement libres et dégagés;

9º Toutes les voitures des ambulances, privées du drapeau de la Convention de Genève, qui ne sert à rien, devront être remplies de tous les ustensiles de cuisine, tentes-abri, sacs nu-

mérotés des troupes, etc.; ces voitures les remettront aux
lieux de campement des troupes, et en retour ramèneront les
blessés recueillis sur le champ de bataille.

PLAN D'ACTION

10° Réunir immédiatement la commission scientifique ordonnée le 4 septembre dernier; se mettre en rapports directs
avec les dix membres qui ont soumis au Gouvernement *des innovations* indispensables à la destruction de tous les corps ennemis;

11° Former six corps d'opération, se reliant entre eux, et devant en un moment donné n'en former que deux, qui, au
moyen d'un mouvement tournant que l'ennemi ne pourra
éviter, se concentreront au point principal de l'attaque;

12° Comme préparation aux mouvements des six corps d'o-
pérations, plusieurs heures avant l'attaque générale, une
masse formidable d'artillerie devra opérer sur six points prin-
paux les centres d'opérations de l'ennemi. Ces six points devront être complétement incendiés et détruits en quelques heures.

POINTS IMPORTANTS

La réussite est infaillible, si l'on veut s'appuyer sur :
>   La Logique ;
>   L'Energie;
>   L'Audace.
Paris, 23 janvier 1871.

> **A. ARDOIN,**
> *Sergent-fourrier, 3ᵉ compagnie,*
> *229ᵉ bataillon.*

Si le Gouvernement de la défense nationale avait
voulu accueillir, comme c'était son devoir, les innovations et les combinaisons qui lui ont été soumises
pendant le siége, il est incontestable que Paris se
serait débloqué et aurait sauvé la France.

Aujourd'hui que la capitulation est un fait acquis;
que, sous le titre déguisé d'armistice, elle a entraîné
l'anéantissement de nos armées de province; que la
France est vaincue, humiliée, ruinée, tout citoyen
animé d'un vrai patriotisme, désireux de voir son
pays reconquérir son influence dans le monde entier,
doit n'avoir qu'une pensée : régénérer la France,
énervée par un régime arbitraire et dissolu; relever
son crédit en souffrance, reconsolider sa richesse

amoindrie, et réparer les désastres que la guerre lui a causés.

Pour arriver à ce but, il faut extirper les abus qui pullulent dans nos administrations publiques, détruire les erreurs d'une civilisation mal comprise, fermer la porte aux préjugés, renoncer aux croyances surannées qui n'ont plus lieu d'être de nos jours, et faire un gouvernement digne de la France, ayant pour bases fondamentales la raison, la droiture, la justice, l'équité.

Indiquer ces réformes, les développer et faire comprendre que l'application en était facile, tel a été mon but en livrant mon travail à la publicité. Si l'opinion publique se prononce en faveur des idées émises dans cette brochure, peut-être nos gouvernants de demain voudront-ils bien en tirer un profit qui sera utile au développement de la liberté, du progrès et du bien-être du peuple.

A ceux qui objecteraient que ces réformes sont impossibles, que ce serait détruire de fond en comble notre système social, je leur répondrai que pour faire le bien rien ne doit être impossible, et que vouloir c'est pouvoir.

A. ARDOIN.

LES
FRANÇAIS DE L'AVENIR

CHAPITRE PREMIER

« *La force prime le droit* » est une maxime sauvage que les Prussiens ont adoptée, mais qui, cependant, a encore de nos jours une très grande importance. Ils viennent de nous en faire sentir tout le poids, et la France, anéantie par la force, est obligée de passer sous les fourches caudines de ses vainqueurs.

Nous nous sommes révoltés contre les actes arbitraires commis au nom de la violence ; nous avons fait appel au droit des nations ; nous n'avons pas été écoutés, et les puissances européennes, assistant muettes aux phases sanglantes d'une guerre acharnée et cruelle, n'ont pas trouvé l'énergie nécessaire pour venir rappeler à des vainqueurs éhontés que le droit, en vue du progrès, de la civilisation, de l'humanité, devait opposer la justice, la raison à l'arme aveugle, fratricide, qu'on appelle la force.

Lorsqu'on examine de près l'organisation de toutes les institutions sociales, on reconnaît bien vite qu'il y manque la base essentielle qui doit en assurer le fonctionnement régulier : cette base, c'est la Raison qui doit être le guide indispensable de tous les esprits, le frein des passions, la sage conseillère des mesures libérales sensées, équitables.

Nos illustres pères, les républicains de 1792, l'avaient bien compris. Quand ils secouèrent le joug odieux d'une féodalité arbitraire, ils eurent, à travers les débauches d'une liberté mal dirigée, un trait de génie : c'était la lumière qui jaillissait des ténèbres d'une situation toute nouvelle. Ils avaient reconnu qu'il manquait une base solide à l'échafaudage social qu'ils commençaient à élever, et que cette base était la Raison.

Pour que le peuple en fût bien pénétré, ils prirent le parti héroïque d'en faire un culte.

Forcer le peuple à adorer la Raison après Dieu, c'était une

idée sublime ; lui faire comprendre qu'il devait vénérer comme une divinité ce qui représentait le bon sens, la droiture, l'équité, la justice, c'était rendre à l'humanité un immense service. Si cette idée eût fait son chemin, la civilisation eût marché à pas de géant, et le progrès ne serait pas encore un vain mot. Malheureusement, comme il arrive toujours, on s'empressa de l'abandonner parce qu'elle renfermait un principe bienfaisant.

Je n'ai jamais pu m'expliquer comment, en cherchant à donner de l'homme, ce faux chef-d'œuvre de la création, une définition sincère, plusieurs écrivains aient cru devoir reconnaître en lui un animal raisonnable ; qu'il soit intelligent, qu'il ait même du génie, je l'accorde ; par les travaux admirables dans les arts et les sciences que les siècles nous ont légués, il nous en a donné des preuves éclatantes, mais c'est précisément devant ses œuvres gigantesques qu'on est forcé de reconnaître chez lui l'absence de raison, car, s'il voulait en observer les règles fondamentales, on peut comprendre ce que l'humanité pourrait créer de beau, de grand, de sublime.

Si l'homme est, dans tous les pays, entièrement semblable comme constitution et comme manque de raison, cependant son tempérament et son caractère se transforment en subissant les influences du climat et du sol qui l'ont vu naître ; c'est ce qui a eu pour résultat de diviser le monde en deux races bien distinctes : la race du Nord et la race du Midi.

Les pays du Nord, sous l'empire d'un froid rigoureux, d'un sol ingrat, aride, ont forcé leurs habitants à acquérir par un travail pénible les choses nécessaires aux besoins de la vie, et ont fait développer en eux les qualités de tout travailleur, c'est-à-dire le calme, la constance, l'activité et la persévérance.

Les pays du Midi, sous l'abondance d'une végétation luxuriante et d'un sol fertile, ont condamné leurs peuples à l'oisiveté ; leur climat brûlant a énervé l'homme en restreignant son énergie. Le Midi a produit le rêveur, le poëte, l'artiste, et leur a donné une imagination vive, un esprit inventif. Il a enfanté le génie de la création.

Le Nord a imprimé un très-grand essor à l'industrie, il a institué le génie de l'exécution.

A la race Méridionale, — *la tête.*

A la race du Nord, — *le bras.*

Dans la lutte qui vient de se produire sur le sol même de la France, il y a toute une révélation ; elle a démontré que l'exécution devenait un instrument puissant lorsque le travail la guidait. Nous ne devons plus nous borner aujourd'hui à créer, il faut que, comprenant nos véritables intérêts et ceux de la race dont la France est le chef, nous luttions par le travail, que nous réunissions en un faisceau, et dans un même accord d'idées, les races du Midi ; qu'elles comprennent qu'elles doi-

vent s'unir pour résister aux convoitises et aux envahisse-
ments de la race du Nord; que la leçon que nous venons de
recevoir nous profite; que la France n'oublie pas que son rôle
est de maintenir son influence dans le monde; qu'elle ne se
laisse pas aller à l'indifférence que nous constatons aujour-
d'hui dans tous nos actes; qu'elle sache qu'elle doit adopter
immédiatement des réformes sérieuses ou, sinon, qu'elle s'en
rappelle, elle sera perdue à tout jamais. Appelée à faire effacer
de son histoire une page honteuse, la France doit commencer
par apposer à son front ce blason méconnu jusqu'à ce jour,
repoussé de toutes les nations, mais qui est l'expression de
l'intelligence et du génie, et la consécration du droit et de la
justice.

La Raison dans tout, avant tout.

Si nous remontons à la naissance de la race française, nous
voyons que les Gaules, notre pays d'origine, renfermait une
peuplade virile, brave, loyale et guerrière.

Les Romains, en envahissant notre sol, en s'y maintenant
pendant de longues années, ont infiltré dans un sang vif,
bouillant, vierge, le virus de la corruption de leurs mœurs et
de leur civilisation dépravée; de ce mélange malsain est né le
principe actuel de notre tempérament et de notre caractère.
Aux qualités viriles des fondateurs de notre race, sont venus
s'adjoindre les défauts de nos vainqueurs : la légèreté, la vanité, la présomption.

Tant que la France a été régie sous la domination de la
monarchie du droit divin, elle est restée, par son esprit che-
valeresque, à la tête de l'Europe. La Noblesse était alors toute-
puissante, et avait le mérite incontestable de transmettre à
ses enfants le sentiment du devoir et de l'honneur. La lâcheté
et la bassesse étaient choses inconnues. Un blason renfermait
tout ce qui constituait un héritage sans tache, et les nobles
du moyen âge n'épargnaient pas leur sang, quand il s'agis-
sait de l'honneur de la France.

Le peuple d'alors ne connaissait pas la liberté comme nous
l'envisageons aujourd'hui; habitué à se courber sous la volonté
de ses seigneurs, sans éducation et ne pouvant comprendre
que l'humanité ne devait pas être en servage, il secondait parfaitement les vues de la Noblesse. La France, administrée par
un pouvoir autocratique, affermit sa puissance en Europe en
dépit des abus et des erreurs de la Monarchie et de la Noblesse; c'est parce qu'il y avait centralisation du pouvoir dans
les mains d'une seule classe de citoyens; les uns comman-
daient, les autres savaient obéir. Cette unité est nécessaire
dans une nation; si, en vertu de la liberté, chaque citoyen
croit avoir le droit de s'ériger en maître, il n'y a plus ni ad-

ministration ni gouvernement possibles, il ne reste que le désordre et l'anarchie.

L'union fait la force dans tout État bien constitué : l'unité de l'Allemagne a produit notre défaite.

Napoléon III, en introduisant dans notre politique, pour servir son ambition personnelle, la folle maxime de : « *Diviser pour régner* », n'a fait que « *régner la division* » en semant la discorde dans tous les esprits, et en détruisant, par un principe arbitraire, toute la base sérieuse de nos institutions.

Un principe immuable, que tous les monarques et les despotes de l'univers ne pourront jamais faire disparaître, c'est qu'avec la marche des années, les idées se transforment, l'éducation du peuple se complète, et que des réformes sont indispensables pour répondre aux besoins du progrès, aux aspirations libérales des nations. La monarchie légitime eut le tort de ne pas comprendre que le temps était venu de céder une partie de ses prérogatives arbitraires ; qu'elle devait faire quelques concessions à son peuple, qui voulait avoir le droit de créer sa liberté et son indépendance. Son entêtement aveugle amena sa chute et la Révolution française de 1789 anéantit la monarchie qui, pendant des siècles, avait été souveraine en France.

La République était proclamée, produisant le chaos ; mais de ce *chaos*, il devait en sortir une ère nouvelle, pleine de promesses et d'espérances, faisant luire aux yeux éblouis du peuple les bienfaits de la Liberté.

Qu'on se figure l'émotion, le frémissement qui s'empara de chaque citoyen, en entendant prononcer ce doux mot de Liberté, en assistant à la consécration de ses droits d'homme libre ; d'un être condamné par la loi de son pays à un esclavage forcé, devenir un citoyen libre, indépendant, c'était à faire tourner la tête au plus fort ; c'est ce qui arriva. Le mot de liberté électrisa le peuple, et il en abusa comme d'une chose dont il ne connaissait pas l'usage ; la liberté dégénéra en licence, et la licence, mère du désordre, engendra les saturnales de l'esprit humain. La déesse Raison devint une utopie.

C'est à partir de cette époque que commença la lutte des partis, jusqu'alors inconnus en France.

La Noblesse ne voulait pas abdiquer son pouvoir et se courber devant ce peuple qu'elle avait tenu sous sa domination pendant plusieurs siècles, et sur lequel elle croyait avoir des droits imprescriptibles.

La Bourgeoisie, qui n'avait jamais pu arriver à exercer aucune autorité, commença à s'agiter et chercha partout les moyens possibles à tourner à son profit les fruits de la victoire que le peuple avait obtenue au prix de son sang.

Enivré de son succès, grisé par les mots de liberté et d'indépendance qu'on lui jetait en pâture à chaque heure du jour, le peuple ne connaissait plus d'obstacles, et, dans sa fureur aveugle, il brisait sans raison tout ce qui lui semblait devoir porter atteinte à ses droits. Il n'avait qu'un but : faire éclater sa haine, étaler ses rancunes et assouvir sa vengeance.

Pour écraser ces partis menaçants, il était de toute nécessité que la République eût recours à des mesures énergiques ; malheureusement, elles dégénérèrent en hécatombes humaines.

Si, au nom de l'humanité, nous avons le droit de répudier hautement les actes sanguinaires de la République française, nous devons en toute justice en atténuer la portée, en comprenant qu'elle luttait pour son indépendance : elle devait infailliblement terrasser ses adversaires ou succomber à tout jamais. Pour juger impartialement ses actes, il faudrait avoir vécu à cette époque, avoir pu constater les racines du mal, pour comprendre les remèdes que ce mal exigeait. Tout jugement sur un fait politique perd de son poids et de sa justesse quand il est rendu en dehors de l'impression du moment où s'accomplit ce fait.

Nous venons d'assister tous à un événement qui marquera dans les annales de notre histoire, en y laissant une trace honteuse. Le siége de Paris sera décrit, commenté par une foule d'écrivains, mais je suis convaincu d'avance que pas deux ne le relateront sous le même point de vue, et cependant il n'y a qu'une vérité à enregistrer : c'est que, faute de mesures énergiques, nous avons succombé là où nous devions vaincre.

Cette lutte gigantesque que soutenait la République pour s'opposer à la restauration de la monarchie, à l'abandon d'une liberté si chèrement acquise, à la coalition de l'Europe entière contre la France, amena un principe systématique de terreur, qui produisit une impression fatale sur l'esprit de la nation.

Ebranlée par la peur, la population s'appliqua à rechercher ce qui pouvait lui offrir le salut, elle crut l'avoir trouvé dans la personne d'un grand homme de guerre. Napoléon commençait à faire parler de lui ; il avait eu le talent de s'attacher la victoire ; il devint le héros du jour, le favori des armées, et la nation, heureuse de se débarrasser des périls croissants de la Terreur, l'acclama avec bonheur comme chef de la République dont il devait être infailliblement la perte.

Par ce seul fait, le peuple français détruisait de lui-même tout ce qu'il avait créé ; d'une monarchie autocratique, il reconstruisait un empire, avec son despotisme et sa tyrannie. Voilà où conduisent et conduiront toujours les actes insensés et arbitraires d'un gouvernement ; les peuples ne pourront jamais comprendre leurs véritables intérêts, tant que l'éducation ne les aura pas rendus sages. Si du moins nous pouvions espérer qu'ils le deviendront un jour !

Depuis l'écroulement de l'Empire, nous avons marché par soubresauts ; acceptant la restauration de la monarchie des mains des puissances étrangères, nous l'avons modifiée en 1830, en y introduisant le principe constitutionnel ; reconnaissant dix-huit ans plus tard que ces modifications n'étaient pas suffisantes, nous l'avons de nouveau exilée, pour créer la seconde édition de la République ; comme la mère, la fille s'est laissée violer impunément par le descendant d'un Napoléon ; nous nous sommes courbés de nouveau sous un despotisme et une tyrannie exécrables, jusqu'au jour néfaste et mémorable de la capitulation de Sedan ; néfaste, parce qu'il a marqué d'un stigmate sanglant le déshonneur de la France, mémorable parce qu'il rappellera l'anéantissement d'un gouvernement odieux par nos ennemis mêmes, le seul service qu'ils nous aient rendu, en retour de toutes les exactions, les actes sanguinaires et les cruautés qu'ils ont commis chez nous pendant cette horrible guerre.

On aurait certainement le droit, si on voulait envisager sagement les choses, de rire des aberrations de l'esprit humain en le voyant se livrer à de telles folies. Comment admettre en principe sérieux qu'une nation reprenne ce qu'elle a repoussé, qu'elle subisse à nouveau un joug, pour le renversement duquel elle a fait verser le sang de ses enfants.

A quoi attribuer tant de déraisonnement ? Comment pourra-t-on expliquer que ce qui était mauvais il y a vingt-trois ans, soit bon aujourd'hui, et comment nos gouvernants actuels vont-ils s'y prendre pour persuader au peuple qu'il doit accueillir comme des sauveurs les héritiers de la monarchie qu'il a bannie en 1848 ? Où donc est le progrès qu'on invoque tous les jours, et qu'on prétend marcher à grands pas dans le développement des lumières et de la civilisation ? En quoi donc notre civilisation s'améliore-t-elle en produisant des revirements si insensés dans l'esprit des peuples ? Le plus curieux de tout cela, c'est que les peuples ont la prétention, chaque fois qu'ils renversent leur gouvernement, de faire une révolution profitable à leur liberté et à leur indépendance. Qu'ils le sachent bien, il n'en résulte pour eux qu'une source de désastres, un surcroit de dettes et d'impôts qu'ils seront obligés de combler de leurs deniers.

CHAPITRE II

Après avoir jeté un coup d'œil rapide sur l'histoire de notre passé, il me reste à aborder la situation présente, qui est loin d'être brillante. L'étoile de notre belle France a visiblement pâli ; nous assistons à un drame terrible qui peut mener notre pays à un cataclysme effrayant.

Le second empire a fini comme il a commencé, par un crime.

Oubliant le vieux dicton de la loyauté et de l'honneur : « *Noblesse oblige*, » il a foulé aux pieds les devoirs sacrés que lui imposaient l'honneur de la France et son titre de souverain.

En déclarant la guerre à la Prusse, Napoléon III a, je veux bien le reconnaître, donné sujet de satisfaction à la majorité du pays qui, depuis Sadowa, avait compris que l'Allemagne n'avait qu'un but : briser l'orgueil français, *anéantir la richesse de la France et son influence en Europe.*

Mais aussi il nous a indignement trompés en venant déclarer ouvertement à la face du monde entier qu'il avait tout organisé pour cette guerre ; nous savions pertinemment que les préparatifs de la Prusse, combinés de longue main, étaient immenses, qu'elle pouvait mobiliser 1,200,000 hommes ; par conséquent, du moment que nous étions prêts, c'est que nous pouvions compter sur les ressources suffisantes à opposer à notre ennemi.

Nos illusions ne furent pas de longue durée, elles cédèrent promptement la place aux déceptions qui ne firent que s'agrandir chaque jour ; au lieu de ce que le gouvernement, le cœur léger, était venu nous annoncer officiellement, nous eûmes à constater que notre armée de campagne était bien inférieure à ce qu'elle devait être, même en temps de paix ; qu'elle était, en outre, mal commandée, ineptement administrée, et que s'il nous restait encore de bons et valeureux soldats, il n'existait plus un seul chef.

Avec de tels éléments, la défaite de Sedan était inévitable.

Le peuple, en apprenant le désastre de notre armée, fut frappé de stupeur ; mais quand il sut que l'empereur s'était constitué prisonnier du roi Guillaume, il eut un éclair de joie, au milieu de son malheur ; heureux de se trouver débarrassé d'un despote méprisé et lâche, il s'empressa de jeter à bas tout ce qui offrait un vestige de cet empire qui n'avait jamais représenté, chez nous, que la déloyauté, l'incurie et l'incapacité.

C'est alors que naquit le *Gouvernement de la défense nationale.*

Une phalange d'hommes, qui n'avaient dû leur célébrité politique qu'à leur opposition systématique sous l'empire, ramassèrent dans la rue les épaves du pouvoir déchu et faisant de l'Hôtel-de-Ville, *ce ministère du peuple*, le marche-pied de leur dictature, se constituèrent en un gouvernement, auquel ils donnèrent le titre mensonger de *Défense nationale.*

Ce titre rallia tous les partis, qui s'empressèrent de se grouper autour des nouveaux élus ; la population de Paris, écœurée de voir nos armées subir défaites sur défaites, n'aspirait qu'à donner une nouvelle impulsion à ses désirs de vengeance, et à prendre une éclatante revanche de tous les revers que l'incapacité de Napoléon III nous avait causés. *Lutter*, tel était le cri de chacun ; *vaincre*, tel devait être le but ; *faire tous les sacrifices,* tel était le devoir.

Le Gouvernement de la défense nationale sut, en maître habile, tirer parti de la disposition d'esprit de la population parisienne ; entasser proclamations sur proclamations, parler d'or, promettre tout ce qui devait assurer la réussite, furent des moyens infaillibles qu'il mit en œuvre pour s'attacher, avant tout, la confiance du peuple.

« Nous ne sommes pas un Gouvernement régulièrement constitué, disaient-ils ; nous ne sommes qu'un Gouvernement provisoire, nous n'avons aucun rôle politique à jouer, nous n'avons qu'un but : *défendre notre pays à outrance contre l'invasion de l'Allemagne.* »

Je n'ai pas l'intention de faire l'historique du siége de Paris ; nous y avons tous assisté et nous savons comment les choses se sont passées ; cependant, il en restera un enseignement précieux pour le peuple, et les annales de notre histoire, en mentionnant le siége de Paris de 1870, auront à enregistrer deux faits caractéristiques et irréfragables.

A la louange de la population de Paris, il faudra qu'on fasse connaître au monde entier qu'elle a fait preuve de calme, de résignation et d'abnégation ; qu'elle a enduré les plus cruelles souffrances de la faim et du froid ; qu'elle était résolue à tenir haut l'honneur de la France et à s'imposer les plus terribles sacrifices pour ne pas se rendre à un ennemi acharné et barbare.

A la honte du Gouvernement de la défense nationale, l'histoire devra consigner dans ses feuillets que ce Gouvernement a fait de la politique et non de la défense ; qu'au lieu de sorties, il n'a fait que des retraites ; que les combats de nos troupes ont été plus meurtriers par les intempéries du temps que par les balles prussiennes ; que de l'ordre, il n'a fait que le désordre, et que, par tout son gâchis administratif et politique, il n'a obtenu qu'un résultat : *la ruine de notre beau pays !*

On ne pourra jamais comprendre que la ville la plus riche du monde en ressources de toute nature, contenant dans ses murs 500,000 hommes armés, pouvant fondre des canons, fabriquer des armes, équiper des armées, n'ait pu rien faire de mieux que d'attendre paresseusement la fin de ses quatre mois de vivres pour se rendre honteusement à son ennemi et entraîner avec sa reddition celle de la France tout entière, en la mettant à la merci d'un vainqueur peu généreux qui dictera une paix forcée que l'on devra acheter au prix de sacrifices énormes.

Quelques semaines après Sedan, le maréchal Bazaine, bloqué sous Metz, cédait à la pression d'intrigues bonapartistes, et traitait sa capitulation en livrant, lui aussi, toute son armée, tout son matériel de guerre, et son bâton de maréchal. *Il avait voulu ne pas être le dernier à apporter son obole à la défaite de la France.* Il y a laissé son honneur, et à l'avenir il pourra conserver son titre de maréchal de l'empire, mais il ne pourra jamais prendre celui plus glorieux de maréchal de France, car la France le répudierait.

La guerre de 1870, sans exemple dans l'histoire du monde, devra s'appeler : la *Guerre du déshonneur*, marquée de trois actes inqualifiables.

Le premier commence à Sedan par la capitulation d'un empereur abêti ;

Le deuxième a pour scène Metz, sous la direction d'un maréchal ;

Le troisième se complète par un dénouement tout à fait identique aux deux autres, sous l'*apothéose Trochu.*

C'est la Sainte Trinité de la Capitulation sous la figure de Napoléon, Bazaine, Trochu.

Nous connaissons donc aujourd'hui le dénouement de cette horrible tragédie ; nous prévoyons les terribles conséquences qu'elle aura pour la nation ; quand on réfléchit aux auteurs de tous ces malheurs, on est porté à se demander si la France n'aura pas un jour le droit de les appeler à la barre de l'opinion publique. Ils ont tous demandé au peuple de leur accorder sa confiance ; le peuple a cru en eux, il leur a donné des pouvoirs illimités, il est de toute justice qu'il leur demande un compte exact et sévère de ce qu'ils ont fait ; les gouvernants ne sont que des fondés de pouvoirs du peuple, et un fondé de pouvoirs dans toute affaire doit rendre des comptes de sa gestion.

Le jour où la France, remise en possession d'elle-même, voudrait scruter les actes de tous ses administrateurs, on assisterait sans doute à de précieuses révélations ; il serait alors très-facile de pouvoir se guider à travers le labyrinthe de tous les événements qui se sont produits et qui, faute de clarté, resteront pour nous tous complétement incompréhensibles ; ces éclaircissements nous feraient toucher du doigt la plaie vive de nos abus sociaux, et nous saurions infailliblement que, sous la domination d'une civilisation romaine, sous la corruption administrative de nos gouvernants, sous le joug de l'incapacité, de l'incurie, du mauvais vouloir, les affaires de notre pays ne pouvaient prospérer ; que les intérêts de la

France étaient écartés pour faire face à des intérêts personnels, à des idées de parti ; que le désordre était élevé à la hauteur d'une institution, et que l'on rejetait, avec un soin scrupuleux, tout ce qui pouvait offrir le salut de tous.

Avec de pareils actes la France devait nécessairement être plongée dans le degré d'abaissement où elle se trouve aujourd'hui ; cependant, en dépit de tous ses désastres, elle ne peut mourir, car elle porte en elle-même des principes sains et vigoureux de vitalité, des principes sérieux qui ne peuvent péricliter, des sources inépuisables de richesse, des mines d'intelligence et de génie qui sont une nécessité pour l'humanité entière.

Il faut que la France, s'armant de la lanterne de Diogène, cherche un homme ; elle le trouvera, car il en existe encore. A cet homme, qu'elle élévera à la dignité de Chef de la Nation, vous lui demanderez de la capacité, de l'honnêteté, mais avant tout du patriotisme, et l'engagement de mettre son intelligence, son travail au service exclusif de la Nation, et non au profit de son ambition personnelle. Il aura pour mission de reconstituer la France de l'Avenir sur des bases complétement nouvelles au point de vue de la Justice et des intégrités. Il aura à faire une guerre à outrance, non aux puissances étrangères, mais aux abus, aux injustices, aux malversations. Il aura à apporter des idées logiques, pratiques ; il pourra s'inspirer des moyens d'exécution des grands pays libres, et veiller avec soin à acclimater chez nous toutes les réformes qui s'y opèrent ; de même que le commerce accepte sans vanité tout produit supérieur qu'un sol étranger lui envoie, de même un Gouvernement sage et sensé ne doit pas apporter de la présomption à refuser une amélioration salutatire sous le prétexte ridicule qu'elle porte un cachet de provenance exotique.

Il devra grouper autour de lui toutes les intelligences honnêtes, tous les travailleurs consciencieux ; avec leur aide il arrrivera à réorganiser toutes les branches de nos administrations, avec des éléments nouveaux et pratiques ; il n'accordera es places qu'au *mérite* ; plus de faveurs, plus de concessions dangereuses, que chaque citoyen soit sujet à la loi commune. Place au travail sérieux. Arrière les fruits secs, les inutiles.

Nos législateurs, s'inspirant du bon exemple, comprendront toute l'étendue de leur mission. Effacer un passé honteux, et produire d'un désastre un avenir glorieux. Travailler pour le bien général, relever la France. En remplissant leur mandat avec honneur, avec dévouement, ils auront droit à la reconnaissance de tous leurs concitoyens, ils se seront rendus utiles à leur patrie ; ils pourront relever fièrement la tête, quand ils comprendront qu'ils ne sont plus des instruments automatiques dans les mains d'un despote, et qu'au lieu de servir de bourreaux contre les intérêts de leur pays, ils en sont au contraire les bienfaiteurs par leur mérite, leur intelligence et leur honorabilité.

La France, dignement représentée, sagement administrée, arrivera à reconquérir promptement sa place et son influence dans le monde ; elle verra s'accroître sa richesse qui est immense, le bien-être général se développer, ses rapports internationaux s'affermir, sa civilisation devenir le chef-d'œuvre de l'humanité ; elle pourra alors, avec fierté et orgueil, faire briller aux yeux du monde ébloui son nouveau blason, *la raison* diamantée de la devise nationale que l'univers aura consacrée :

Liberté pour tous,
Égalité pour tous,
Fraternité entre tous.

Il me reste maintenant à indiquer comment je comprends l'organisation de toutes nos administrations publiques, quelle doit être la forme de gouvernement; quelles sont les réformes radicales qui doivent être adoptées, et comment enfin doit fonctionner cette grande machine sociale qu'on appelle l'humanité, et comment nous devons en entretenir le principal moteur qui s'appelle

LA FRANCE

CHAPITRE III

La Nation française

A l'heure où j'écris ces lignes, nous avons en France quatre partis qui se disputent le pouvoir avec acharnement; ce sont les mêmes qui se sont succédé à tour de rôle depuis près d'un siècle; ils se composent d'éléments et de principes diamétrale-opposés, quoique cependant, à part un seul, qui se nomme République, ils soient tous l'expression du despotisme, de l'arbitraire et du favoritisme.

Ces quatre partis sont :

La Monarchie du droit divin, sous la royale personne du comte de Chambord ;

La Monarchie constitutionnelle, dont le noble représentant a pour titre : le comte de Paris ;

La République, qui doit être le gouvernement du peuple, mais qui n'est en réalité que la dictature de quelques faux républicains ;

Le Bonapartisme, pouvant offrir nul choix deux empereurs, le père ou le fils.

Dans leur lutte incessante, ces partis se livrent à un steeple-chase gouvernemental qui offre quelque ressemblance avec nos

2

courses hippiques ; leurs partisans, ceints du drapeau respectif de leur seigneur et maître, absolument comme les jockeys portent les couleurs de leur *écurie*, exécutent sur le turf diplomatique, pour atteindre le but, c'est-à-dire la couronne, des sauts prodigieux qui feraient honneur au meilleur pur-sang anglais.

A voir les changements si bien étudiés de tous les gouvernements qui se sont succédés en France, depuis le commencement du siècle, on serait tenté de croire que *ces jockeys de cour* s'entendent entre eux et établissent des combinaisons calculées pour se laisser arriver vainqueurs à tour de rôle, comme cela se pratique dans les hippodromes.

Encore quelques jours, et nous allons assister à une course excessivement intéressante ; le peuple s'est déjà préparé et il a posé franchement tous ses paris pour la République ; il a toutes les chances pour gagner, car il tient la corde ; mais, malgré tout, je lui parierais volontiers tout l'or de la banque prussienne, que le comte de Paris arrivera premier — *d'une longueur proportionnée à la hauteur de M. Thiers.*

Comme forme de gouvernement à venir, je n'accepterais aucun de ces partis, et je dirai pourquoi.

La Monarchie du droit divin entraîne avec elle la remise en place de tous les préjugés que nous avons voulu détruire en 1789. C'est l'Église souveraine, c'est-à-dire l'ignorance érigée en principe absolu. C'est le progrès arrêté, la civilisation marchant en arrière. C'est la liberté abolie.

La Monarchie constitutionnelle repose sur une base fausse ; vouloir allier la royauté aux principes libéraux, c'est vouloir unir l'eau et le feu. C'est un gouvernement mixte qui ne peut produire qu'une liberté restreinte, que des réformes rachitiques, qu'une administration vacillante.

Le Bonapartisme vient de donner des preuves assez évidentes du mal qu'il peut causer à une nation, pour qu'il soit exécré à tout jamais. La France a encore trop de sagesse et assez de fermeté de caractère pour ne pas rechercher par le suicide un allégement à tous ses maux.

La République a eu le malheur de naître sous une étoile sanglante ; elle a marqué son passage en France, à deux reprises différentes, par une série d'actes sanguinaires que nos populations n'ont pas encore oubliés. Pour beaucoup de Français, *la République est un mot qui fait peur.*

Je suis le premier à reconnaître qu'il faut attribuer la cause de tout le mal fait aux principes républicains, par quelques ambitieux, ou les émissaires des partis contraires qui, le lendemain de la proclamation de la République en France, s'empressent, pour servir leurs intérêts personnels, de combler l'esprit du peuple de théories sociales inadmissibles et de principes politiques complétement insensés. Ce breuvage intellectuel malsain ne sert qu'à lui troubler la raison et à lui faire perdre de vue ses véritables intérêts.

Laissons donc de côté, comme des accessoires de théâtre inutiles, toutes ces formes de gouvernement ; constituons-en un qui, à l'avenir, soit capable de rallier tous les partis, de ramener la confiance ébranlée de tous les citoyens, de concilier tous les intérêts, de sauvegarder les droits de chacun ; que ce gouvernement soit l'expression sincère de tout le pays ; qu'il réponde aux nécessités de la situation actuelle, et qu'il n'ait qu'un but, représenter ce seul parti : l'*intérêt public*; ce sera un gouvernement national, basé sur des principes libéraux, mais avant tout honnêtes, et il portera le seul titre qui lui convienne :

LA NATION FRANÇAISE

Tout gouvernement, comme toute association, comme une simple famille, doit être administré par un chef.

Ce chef, élu par le suffrage de la nation, doit être responsable du mandat qu'on lui confie. Afin qu'il ne puisse abuser du pouvoir au profit de son ambition, il faut que la Constitution générale du pays lui fasse connaître l'étendue de son autorité.

Il faut qu'il sache que, s'il ne remplissait pas convenablement sa mission, il peut être révoqué ; qu'il n'est pas un dictateur, mais bien une nature d'élite que le pays a choisie entre plusieurs pour qu'elle travaille au bien général.

La tête, constituée sur des bases justes, entraînera le corps de tous les représentants officiels ; nous aurons ainsi un gouvernement national et non un pouvoir particulier dans l'Etat

Constitution générale de la Nation française

Article premier. — La Nation nommera un chef qui exercera le pouvoir pendant une durée de cinq ans, à l'expiration desquels il pourra être réélu, si le pays le juge convenable.

Ce chef aura le droit de nommer les ministres qui devront être pris au sein de la Chambre des députés. Il sera le président du conseil des ministres.

Il nommera les ambassadeurs, les commandants des armées de terre et de mer, les préfets, les magistrats, et en général tous les fonctionnaires publics de l'Etat.

Il recevra le corps diplomatique, et toute question de politique étrangère sera soumise en son nom à l'approbation de la Chambre des députés.

Il nommera aux récompenses nationales, ratifiera toutes les lois et contresignera tous les décrets rendus par lui au nom de la nation française.

Il recevra un traitement annuel de 4 millions de francs. Deux palais, l'un à Paris, l'autre en province, seront mis à sa disposition comme résidences officielles, et entretenus aux frais de l'Etat.

Art. 2. — *La responsabilité* est décrétée comme principe fondamental de la Constitution. Tous les fonctionnaires publics, à n'importe quelle hiérarchie ils appartiennent, seront responsables de leurs actes; leurs attributions seront réglées par la Chambre.

Art. 3. — Comme garantie de l'exécution de l'article 2, il sera institué un *tribunal d'honneur*.

Chaque département et chacune de nos colonies éliront à ce tribunal un membre qui devra être choisi en dehors des fonctionnaires publics, et dont les fonctions seront purement honorifiques. Une décoration spéciale sera créée pour les membres du tribunal d'honneur de la France.

Ce tribunal sera chargé de juger et de scrutiner les actes de tous les fonctionnaires de l'Etat, à quelque branche qu'ils appartiennent, y compris le Chef de la Nation, s'il y avait abus ou fausse interprétation des pouvoirs qui leur sont confiés.

Tout citoyen acceptant une charge publique importante devra se soumettre aux décisions du tribunal d'honneur.

Art. 4. — *L'inamovibilité* de la magistrature est abolie. Les magistrats, ainsi que les membres du clergé, sont déclarés fonctionnaires publics et sujets aux lois communes de la Constitution.

Art. 5. — La Nation élira une Chambre de députés qui sera composée de 3 députés par département et pour chacune de nos colonies Ils seront déclarés également fonctionnaires publics, et leur caractère d'inviolabilité sera supprimé.

Chaque député recevra un traitement annuel de huit mille francs. Ce traitement est reconnu nécessaire, afin que tout citoyen pauvre, dont les capacités le feraient désigner à la confiance du peuple, puisse arriver à occuper son rang dans la représentation nationale.

Art. 6. — Une réorganisation complète de l'armée sera l'objet d'un examen sérieux, afin de mettre le pays au niveau des exigences de l'état politique actuel des nations européennes, et afin de sauvegarder et de rétablir l'influence que la France doit maintenir dans le monde, comme une des premières puissances.

Art. 7. — La Constitution ne reconnaît plus d'autre parti politique en France que celui de la Nation française. Toutes les monarchies, république ou empire, sont formellement abolis au nom de la Nation. Chaque membre d'une famille ayant régné en France pourra y rentrer librement, sous la condition expresse de se présenter devant le *tribunal d'honneur de la France.*

et de s'engager, sous serment, à reconnaître et à se soumettre aux lois de la Constitution.

Tout membre qui aurait conspiré ou cherché à détruire les principes de la loi, pour en tirer un profit personnel, sera immédiatement mis en accusation devant le tribunal d'honneur, qui devra le condamner soit à la peine de mort, soit à l'exil dans une de nos colonies pénitentiaires sous la garde exclusive des autorités militaires.

Art. 8. — Les attributions et traitements des ministres, ambassadeurs, préfets, consuls commerciaux, etc., seront discutés et réglés d'une manière nette et détaillée par la Chambre des députés.

Art. 9. — La garde nationale sera réorganisée dans toute la France d'une manière spéciale. Le rôle de la garde nationale est de maintenir l'ordre public et d'assurer la stricte exécution des lois. Tous les postes d'honneur doivent être confiés à sa garde et à son patriotisme. Elle doit être le soutien de la Constitution.

Art. 10. — Tous les revenus directs de l'Église doivent être acquis à l'État. Les membres du clergé seront considérés comme fonctionnaires publics, et leur traitement sera fixé par la Chambre des députés.

Art. 11. — L'instruction publique est déclarée obligatoire. L'instruction sera confiée à des instituteurs et institutrices libres, qui seront reconnus fonctionnaires publics, et dont le traitement sera également indiqué par la Chambre.

Art. 12. — Les présents statuts de la Constitution de la Nation française seront gravés sur des tablettes de marbre, qui seront apposées dans toutes les Chambres officielles.

CHAPITRE IV

Réformes générales

POLITIQUE

La politique est le nœud gordien de l'organisation sociale d'une nation ; on en a fait un terrain vague, inconnu, glissant, où les esprits les plus forts viennent presque toujours échouer, tout en compromettant les intérêts de leur pays.

La politique étrangère a une très grande importance ; il faut une diplomatie herculéenne pour pouvoir se lancer à travers le dédale des questions délicates, suscitées chaque jour par les convoitises, les ambitions, les combinaisons savantes auxquelles se livrent *in petto* tous les Monarques du monde.

Puisque les Puissances Européennes forment une grande famille, à en juger par le titre de parenté qu'elles se font l'honneur de se donner dans leurs rapports diplomatiques, il leur serait bien facile de se mettre d'accord et d'écarter à l'amiable toutes les susceptibilités qui engendrent la discorde.

Que l'Europe reconnaisse le principe de la Nationalité, qu'elle ait assez de raison pour comprendre que les Anglais doivent être Anglais, les Italiens entièrement Italiens, etc., etc. ; qu'elle adopte comme délimitation de territoire ce qui appartient de droit à chaque nationalité ; que l'inviolabilité de chaque territoire soit sauvegardée par un traité européen ; qu'un *Aréopage* international soit institué, composé d'un représentant de chaque nation ; que cet Aréopage soit uniquement chargé de faire respecter les clauses du traité, alors on aura fermé la porte aux dissensions, on aura assuré une paix durable, établi la confraternité des peuples, et la question du *désarmement général*, si souvent réclamé comme mesure humanitaire et économique, sera complétement résolue.

Cette idée est trop pratique et trop raisonnable pour qu'on la mette jamais à exécution ; voilà pourquoi la politique conservera à l'avenir son domaine, et sera toujours le principe fondamental de nos institutions ; puisqu'il en est ainsi, nous devons nous attacher à imprimer à notre politique de l'avenir un cachet d'honnêteté, de justice et de bonne foi. Que ce soit la consacration du droit des Nations. Respectons chez nous les sensibilités de toutes les puissances, mais faisons respecter chez les autres l'honneur de la France. Qu'il n'y ait plus de notre part d'intrigues criminelles et ambitieuses, ne soyons plus une cause de menaces pour la tranquillité de nos voisins, mais ne permettons à personne de devenir une ombre d'inquiétude pour notre pays.

En donnant mon opinion sur notre politique à l'avenir, j'ai voulu me faire une réserve pour la question brûlante du moment que j'appellerai : *la politique d'actualité*.

La Prusse, en se faisant adroitement déclarer la guerre par Napoléon III, n'avait en vue que la destruction de la richesse de notre pays, et l'amoindrissement de notre influence en Europe, en nous écrasant d'une façon puissante, et en opérant le démembrement de notre territoire. Elle a atteint son but, et la France courbée, aujourd'hui, sous le poids de ses défaites, est obligée de subir la loi du vainqueur. Nous sommes forcés d'abandonner nos deux chères provinces d'Alsace et de Lorraine, unies à nous depuis deux siècles.

En nous imposant des conditions de paix si dures à supporter pour tout cœur véritablement français, la Prusse a élevé une montagne de haine entre la France et l'Allemagne. Les Français ont l'esprit trop indépendant et trop fier pour rester courbés sous la honte de leurs défaites ; la vengeance grandira, s'agitera sourdement pour éclater tout à coup d'une façon impétueuse, et avant qu'il soit bien longtemps, une guerre terrible, implacable, aura pour théâtre le sol même de l'Allemagne.

Tant que la France ne sera pas rentrée en possession du territoire qu'on lui enlève, il ne sera pas possible à un gouvernement, quel qu'il soit, de poursuivre une politique pacifique ; dire le contraire, ce serait nier la vérité, et vouloir déchirer toutes les pages de notre glorieuse histoire. La France humiliée a besoin d'être relevée aux yeux du monde ; si nos armées ont succombé par la lâcheté et la trahison de leurs chefs, elles n'aspireront qu'à reprendre une éclatante revanche, le peuple tout entier s'associera à ces désirs de vengeance, et le véritable traité de paix entre la France et l'Allemagne ne sera définitif que lorsque notre triomphe sera assuré, qu'il y aura été inscrit en lettres d'or et scellé du sang généreux de nos enfants.

LA JUSTICE

Il y a incontestablement un grand mérite pour tout citoyen à porter le titre de magistrat. Pour être justicier d'une nation, il faut abriter en soi des principes inébranlables d'intégrité, de sagesse et d'équité. Tout magistrat qui ne craint pas de prêter l'appui de son nom à des affaires de scandale et d'infamie, est doublement coupable. En dépit de ces considérations, nous avons vu des magistrats, sous l'Empire, tacher la blancheur de leur hermine en achetant, au prix de la servilité et de la bassesse, des faveurs qui pèseront sur leur conscience. L'existence de ces coupables manœuvres a prouvé qu'il pouvait s'introduire dans la magistrature, comme dans toute autre branche de l'administration de l'État, des abus révoltants au point de vue de la morale et de l'honnêteté publiques. Pour que ces abus ne puissent se représenter, il est de toute nécessité que les hautes prérogatives attachées à la magistrature soient supprimées. Lorsque leurs fonctions seront considérées officielles et assimilées, comme responsabilité, à toutes les charges publiques, les magistrats prendront un soin scrupuleux à faire de la loi une application rigoureuse et sage, et à ne pas se laisser entraîner à des concessions qui pourraient ternir leur réputation.

S'il existe des abus criants dans la magistrature, il s'en trouve de plus violents encore dans nos institutions judiciaires. Je citerai d'abord la *prison préventive*, qui est une atteinte à la liberté individuelle.

Je puis faire connaître le nom d'un citoyen qui a été arrêté chez lui par erreur ; il est resté trois mois en prévention pour attendre son tour de rôle ; le jour de sa comparution devant le tribunal, il a été prouvé qu'il y avait effectivement erreur de nom ; il a été remis en liberté *sans indemnité* ; pendant le temps de son arrestation, ses affaires furent suspendues, et, sous la mauvaise opinion que cette incarcération avait produite chez ses créanciers, ceux-ci s'empressèrent de le faire déclarer en faillite. Quand il sortit, bien que reconnu innocent par le tribunal, il était ruiné.

Tout citoyen arrêté sous l'inculpation d'un délit quelconque doit passer, le lendemain même, devant un tribunal spécial qui reconnaîtra, séance tenante, si le prévenu est coupable ou innocent. Si les preuves de sa culpabilité ne sont pas justifiées, il devra être remis immédiatement en liberté ; si elles sont convaincantes, il sera envoyé au dépôt pour y attendre son jugement.

L'application de notre procédure renferme également des abus qu'il faut condamner. Des procès s'éternisent parce que, dans les procédures comme dans toutes nos administrations, on ne veut rien céder à la routine. Je n'ai jamais compris pourquoi nous nous croyons obligés de passer par les étamines de trois tribunaux spéciaux pour être bien convaincus que nous avons raison ou que nous sommes dans notre tort. Je n'ai jamais pu bien comprendre non plus pourquoi un jugement rendu à Paris pouvait être cassé à Douai ou à Orléans. Tout cela ne me prouve qu'une chose, c'est que nos lois sont tellement peu raisonnables, que les gens le mieux au courant ne savent comment les appliquer.

Il me semble que la justice peut être rendue par trois tribunaux simples, c'est-à-dire :

Le tribunal correctionnel,

Le tribunal criminel ou cour d'assises,

Une haute chambre de justice ayant à examiner si les jugements ont été rendus conformément aux lois. Les arrêts de cette chambre doivent être définitifs.

La *peine cellulaire* doit être abolie. Condamner un homme à pourrir dans un cabanon noir, humide, malsain, est un crime de lèse-humanité ; c'est en faire une bête fauve et lui donner des désirs immodérés de vengeance contre la société.

Les *bagnes* doivent disparaître de France ; tous les forçats doivent être immédiatement transportés aux colonies pénitentiaires, où un système colonisateur tout spécial doit être appliqué sous la direction de nos chefs civils et militaires.

Les exécutions des criminels condamnés à mort doivent se faire dans l'intérieur des prisons ; les exécutions publiques sont un sujet de curiosité et non un enseignement pour le peuple. Il y a très-souvent chez le criminel un parti pris de forfanterie et de cynisme qui offensent la morale, tout en abâtardisant l'esprit de la foule.

CULTE

L'Eglise a toujours eu en France un pouvoir plus puissant

que celui de l'Etat ; les prérogatives accordées au clergé ont été une source de corruption et de démoralisation qui ont entravé, en tout temps, la marche régulière des réformes libérales ; en alliant l'autorité du temporel à celle du spirituel, les chefs de l'Eglise ont compris qu'ils possédaient tout ce qui constituait une domination puissante dans toutes les branches de notre organisation sociale; ils pouvaient ainsi régner sur le trône et faire courber le peuple sous le joug de l'ignorance et de la superstition. Ils ont accumulé une richesse immense, en oubliant qu'ils devaient être non les Marchands du Temple, mais les Apôtres du Christ ; ils ont amassé de l'or, quand ils ne devaient amasser qu'un fonds inépuisable de charité; leur mission sur terre était non de spéculer sur le denier de saint Pierre au profit de leur trésor, mais d'être les distributeurs des offrandes du riche pour venir en aide aux nécessités du pauvre. Mission toute chrétienne, à laquelle ils ont donné une fausse route, et dont les résultats mal compris auront pour conséquences inévitables de leur faire perdre, dans un avenir peu éloigné, le reste d'auréole qui consacrait, dès le principe. le caractère sacré de la religion.

L'Eglise prélève sur chaque citoyen qui naît, qui se marie, et qui meurt, un impôt qui doit être acquis à l'Etat, puisque ce citoyen appartient non à l'Eglise, mais à la Nation ; ce sont ces impôts qui doivent, en toute propriété, être recouvrés au moyen d'un contrôle spécial du gouvernement. Il faut que la loi apporte des modifications au régime intérieur des églises. Les membres du clergé, payés par le gouvernement, doivent être considérés comme fonctionnaires publics, mais ils ne doivent avoir aucun emploi dans la nation, en dehors de leurs attributions religieuses. Il me semble tout à fait anormal qu'un Archevêque ou un Cardinal puisse occuper le siége de sénateur ou de représentant du peuple. *Le cumul* ne doit pas être toléré, il doit y avoir place pour tout le monde, et un fonctionnaire, quel que soit son haut savoir, ne peut prétendre à remplir un double emploi au détriment de son semblable.

Nous devons respecter toutes les croyances religieuses des peuples, non-seulement chez nous, mais encore chez eux ; que nos missionnaires, animés du feu sacré de la foi, aillent de leur plein gré porter à des populations éloignées les lumières du Christianisme, je n'aurai jamais trop de plaisir à leur témoigner toute mon admiration pour les preuves de dévouement et de courage qu'ils donnent au milieu des périls sans nombre qu'ils ont à courir ; mais que ces missions, toutes personnelles, revêtent le cachet officiel de la France, qu'au besoin elles soient appuyées de nos canons et de nos vaisseaux de guerre, voilà ce que je condamne hautement. Nous n'avons pas plus le droit d'imposer nos missions religieuses aux Chinois, que nous ne permettrions nous-mêmes aux Chinois de venir chez nous, avec l'intention bien arrêtée de nous convertir au Boudhisme.

Des Ecoles spéciales de séminaristes doivent être créées, afin de pourvoir aux emplois vacants dans les différentes branches de l'administration de l'Eglise; une loi devra en fixer le nombre, selon les besoins du service religieux ; quant aux couvents, congrégations religieuses de toutes sortes, la suppression en sera immédiatement ordonnée; l'homme et la femme ont de par la nature un mandat à remplir sur cette terre ; ils doivent coopérer à la vie sociale et non se rendre inutiles en s'enfermant volontairement sous les verrous d'un cloître.

Les seules institutions religieuses qui seront admises par la Nation, et qui auront même l'appui du pays, sont les congrégations dites *de charité*, parce qu'elles renferment des éléments vrais, sincères, et qu'elles s'attachent à relever leur mission par un fonds inépuisable de dévouement, de soins et de secours tout chrétiens. — Ces dignes femmes ont droit, non-seulement à la reconnaissance de l'humanité, mais encore à celle de la Patrie.

INSTRUCTION PUBLIQUE

Le devoir d'une Nation est de faire de ses enfants des citoyens utiles, des hommes raisonnables.

Pour que l'homme comprenne les devoirs qu'il a à remplir vis-à-vis de la société, et la place qu'il doit y occuper honorablement, il faut qu'on lui donne une éducation solide et libérale.

Pour avoir une ample moisson, nos agriculteurs travaillent leur terre, ils lui donnent l'engrais nécessaire, ils préparent convenablement les semences, et enfin s'appliquent à écarter de leurs semailles toutes les mauvaises herbes qui pourraient nuire à leur développement.

Pour récolter abondamment dans le champ intellectuel, il faut commencer par préparer l'intelligence de l'homme par une éducation élémentaire, la cultiver en lui inculquant des données sages et honnêtes de ses devoirs dans la vie sociale, et la parachever en lui faisant connaître exactement ses droits politiques et sociaux; son esprit ainsi cultivé le portera aux idées justes, aux appréciations positives, il aura un jugement sain, et sa conduite sera droite et loyale, parce que la raison dominera.

Les études élémentaires doivent comprendre l'écriture, la lecture, la géographie, l'histoire, les mathématiques ; on doit y ajouter quelques principes d'hygiène, de médecine familière et de civilité, mais surtout l'étude du Code français.

La loi a imprimé comme clause formelle que « *nul citoyen n'est censé ignorer la loi.* » On ne peut donc venir invoquer devant un tribunal que l'ignorance a été la cause du délit; par conséquent, puisque la loi ne doit pas être ignorée de tous les citoyens, il est logique et absolument nécessaire qu'on la leur apprenne.

Il y a aussi des réformes à apporter dans les études de nos lycées; on devrait y donner l'éducation élémentaire et ne faire du latin et du grec que des études accessoires. On compléterait l'étude de ces deux langues dans les écoles spéciales.

L'éducation en général se diviserait en deux parties :

1° L'éducation élémentaire, comme base fondamentale de toutes les études ;

2° L'éducation spéciale.

Après avoir achevé les études élémentaires, chaque enfant, selon la vocation qu'il aurait l'intention de suivre, entrerait dans les *écoles spéciales professionnelles*, qui comprendraient toutes les branches de la science, des beaux-arts, du commerce, de l'industrie, etc.

L'éducation devra être donnée exclusivement par les instituteurs et institutrices libres qui seront reconnus fonctionnaires publics, et comme tels soumis aux lois communes et au traitement fixé par la Nation.

Des écoles spéciales seront instituées pour produire les instituteurs et institutrices nécessaires aux écoles gratuites du gouvernement, et pour assurer les études des chefs de toutes institutions et pensionnats particuliers. Nul ne pourra exercer ou diriger une pension quelconque sans avoir reçu son diplôme de l'Ecole spéciale. Les études de ces mêmes écoles comprendront plusieurs degrés, selon l'importance de l'enseignement auquel on voudra se livrer.

COMMERCE

Le commerce, qui n'est que l'échange des produits que tous les pays se font entre eux, est une source de richesse pour une nation quand elle sait développer ces échanges et assurer des rapports sérieux avec toutes les puissances commerciales par des traités habilement établis.

Pour servir les intérêts de ses nationaux, on doit exiger de ses agents consulaires qu'ils soient, non des subordonnés d'une Ambassade politique, mais tout spécialement des agents commerciaux, dont la mission doit être de servir exclusivement d'intermédiaires entre la France qu'ils représentent et le pays qu'ils habitent. Ils doivent s'intéresser de tout ce qui touche à la production du sol, des nécessités des articles que ce pays pourrait tirer de nos manufactures et de ceux que nous pourrions utiliser chez nous.

Ces études commerciales doivent être l'objet de longs rapports, dans lesquels ils nous feront connaître les ressources qu'offrent les pays qu'ils parcourent; ces rapports, communiqués fidèlement à notre commerce par l'entremise du Ministère, accroîtront le développement de notre industrie, et serviront de base à l'élaboration des Traités Commerciaux qui sont appelés à devenir les *liens des nations.*

Avec des données positives, nos négociants, jusqu'à présent si timides et qui ont laissé à l'Angleterre le domaine presque exclusif des affaires lointaines, ne craindront plus de fonder des comptoirs dans des régions éloignées ; les capitaux rassurés donneront une impulsion immense à ce commerce presque ignoré de nous

Nous possédons des Colonies d'une importance réelle comme production, mais nous avons si peu le *génie colonisateur*, que nous ne sommes pas encore parvenus à faire fructifier les ressources qui y abondent.

L'Algérie a prouvé, pendant les temps difficiles que nous venons de traverser, qu'elle était alliée de cœur à la patrie commune ; elle a apporté pour la soutenir dans sa lutte le sang de ses enfants ; nous lui devons, à partir de ce jour, une éclatante réparation ; elle n'a pas encore reçu de nos mains le principe colonisateur qui doit féconder la richesse de son sol ; nous y avons introduit l'autorité militaire, mais non les bienfaits d'une sage administration. Il ne s'agit plus aujourd'hui d'y bâtir des casernes et des forteresses, il faut y apporter le travail, y faire apprécier l'agriculture ; il faut y semer des éléments de prospérité, mais non des baïonnettes.

L'Angleterre, par son esprit colonisateur, a doublé sa richesse, élargi le cercle de son commerce ; l'Inde et l'Australie ont été le canevas de son travail ; ce travail est devenu un chef-d'œuvre commercial.

Imitons l'Angleterre dans son système colonisateur, puisqu'il possède du bon ; créons, à l'instar de la Compagnie des Indes, une *Compagnie puissante* avec des prérogatives spéciales, qui aura pour siége notre riche colonie algérienne, pour but la colonisation de ce pays sur une vaste échelle. Ne faisons pas de cette Compagnie une spéculation de banque et d'exploitation honteuse comme ce qu'a produit la société organisée il y a quelques années ; que cette Compagnie crée des villages, des routes, des chemins de fer ; qu'elle soit agricole, industrielle, commerciale ; qu'elle soit sous le contrôle direct du gouvernement ; que son administration agricole, industrielle soit confiée à des hommes sortant de nos Écoles spéciales.

Les bases de cette Compagnie étant loyalement établies, faites un appel aux populations pauvres de France, favorisez l'émigration ; quand on saura que cette émigration s'opère par l'appui sérieux du gouvernement, qu'elle repose sur des principes loyaux, sincères, que les efforts des travailleurs seront récompensés, qu'ils ont la certitude de se créer un avenir débarrassé de la misère, vous pouvez être convaincus qu'un grand nombre de familles pauvres viendront offrir leurs bras et coopérer au développement de la richesse générale.

Mais il ne faut pas que ce soit une fraude infâme comme celle qu'ont eu à supporter nos émigrants en 1848 ; des compagnies criminelles engageaient de pauvres travailleurs à émigrer en Algérie, où elles leur faisaient espérer des résultats impossibles à obtenir. A leur arrivée ces infortunés étaient laissés sans direction, sans ressources, obligés de passer par toutes les phases terribles d'une misère affreuse, et heureux encore quand ils avaient pu, au prix de souffrances inouïes, regagner les lieux qu'ils avaient quittés.

GUERRE

La France se trouve aujourd'hui dans une situation trop pénible pour qu'on puisse sérieusement entrevoir dans l'avenir une paix franche et durable. La perte de nos provinces d'Alsace et de Lorraine occupera constamment les esprits, et il n'y aura qu'un désir chez tous les Français : reconquérir ce que nous venons de perdre et maintenir l'intégrité de notre territoire.

Devant un problème aussi nettement posé, il n'y a qu'un moyen à prendre pour le résoudre : donner à notre ministère de la guerre toute l'impulsion nécessaire pour réorganiser nos armées, centraliser nos forces, et *innover*.

De nos jours, la guerre n'est plus une lutte corps à corps, c'est une *guerre de mécanique*, et la bravoure individuelle se heurte sans gloire ni profit à une machine. De même qu'à Solferino nous avions dû en partie notre victoire à la supériorité de nos canons rayés, de même nous succombons aujourd'hui sous les canons à longue portée des Prussiens. *L'industrie métallurgique allemande a vaincu le courage français.*

Ayant reconnu qu'il est de toute nécessité pour la lutte à venir de se préparer de manière à obtenir le succès, et prenant en considération l'état actuel des armements européens, je n'aurais qu'une pensée : faire appel à toutes les intelligences, à tous les esprits inventeurs. Je leur dirais : Cherchez, combinez, fabriquez un engin nouveau, terrible et meurtrier ; plus il pourra détruire de milliers d'hommes en une minute, et plus le pays saura vous récompenser et vous témoigner sa reconnaissance. Créez des machines nouvelles, fondez des boulets pulvérisants, des balles inconnues, des armes destructives à longue portée ; que nous soyons les premiers du monde à la tête de nos engins meurtriers comme nous le sommes à la tête de la civilisation. L'humanité est un vain mot, la générosité une erreur, la bonne foi un mensonge ; nous voulons une paix solide, durable ; mais, pour l'obtenir, il faut traverser une mare de sang, et puisque la raison est bannie à tout jamais des cerveaux des potentats européens, nous demanderons par les armes ce que le bon sens se refuse à nous accorder.

Après avoir étudié avec soin, et organisé la fabrication des *innovations*, il faudra s'occuper immédiatement de réorganiser nos armées sur des bases complétement nouvelles; nous avons tout à refaire, puisque nous avons tout perdu, notre cadre d'officiers supérieurs qui tombe de vétusté, et notre matériel de guerre tombé, soit au pouvoir de l'ennemi, soit complétement détérioré par lui. Ce matériel doit être reconstruit avec des données nouvelles, selon les perfectionnements introduits dans la mécanique moderne.

La loi militaire doit être une mesure générale et devenir la conséquence de l'éducation militaire dans toute la Nation; tous les citoyens sans distinction et sans aucun motif d'exemption, sauf les cas de maladie ou faiblesse de constitution, doivent, à partir de vingt ans, passer trois ans sous les drapeaux; au bout de ce terme, ils doivent faire partie du corps spécial de réserve pendant cinq autres années, sous la seule obligation de passer deux mois, chaque année, aux camps de manœuvres des divisions militaires où sera le dépôt général de toutes les armes, etc., laissées par les troupes, au fur et à mesure de leur rentrée dans leurs foyers comme *réservistes*.

En cas de guerre, le Gouvernement aura le droit d'appeler sous les drapeaux tous les citoyens non mariés jusqu'à l'âge de trente-cinq ans inclusivement.

Pour former les nouveaux cadres des officiers supérieurs de l'armée, on créerait une commission composée de chefs militaires spécialistes, et de plusieurs ingénieurs civils. Chaque postulant à un grade quelconque devrait faire valoir ses titres et son mérite, et ne serait accepté qu'après un examen approfondi et sérieux.

Reconstituer l'Intendance sous de nouvelles bases, en détruisant complétement un système centralisateur qui n'offre que des abus.

Créer au ministère de la guerre un *bureau militaire* ayant pour but d'être l'intermédiaire entre le Gouvernement et l'armée; de veiller, par le soin de commissaires spéciaux, à l'exécution sérieuse des ordres donnés aux différentes branches de l'administration; de s'occuper des réclamations de l'armée, de l'avancement des officiers, etc., des récompenses méritées à distribuer.

Comme organisation matérielle de l'armée :

N'avoir qu'*un seul corps d'infanterie* ;

N'avoir qu'*un seul corps de cavalerie*, la cavalerie légère ; supprimer hussards, cuirassiers, carabiniers, etc. ;

Créer *un corps spécial d'artillerie* pour l'application de tous les engins nouveaux ;

Créer *un corps spécial d'éclaireurs* (infanterie et cavalerie);

Fonder dans toute la France *six grandes divisions militaires*.

au Nord, à l'Est, à l'Ouest, au Midi, au Centre, et la sixième en Algérie.

Chaque division militaire comprendra un corps d'armée composé de tous les différents corps adoptés dans l'organisation générale ; elle aura ses Ecoles spéciales d'infanterie, cavalerie, artillerie, génie, éclaireurs et innovateurs.

La croix de la Légion d'honneur sera accordée uniquement à l'armée.

Toutes les décorations accordées au mérite ou au génie industriel seront changées et seront l'objet d'un insigne spécial.

PRESSE

La Presse occupe une place importante dans notre époque ; elle est une source de lumière pour tous les intérêts généraux d'un pays, un moyen efficace pour faire connaître et apprécier les travaux de l'esprit humain ; la critique sérieuse des actes d'un Gouvernement, par la presse, apporte des éclaircissements et des conseils utiles au bien public ; elle sonde, approfondit les idées et concourt pacifiquement à la mise en pratique des améliorations reconnues excellentes. La Presse est également un frein aux empiétements d'un pouvoir mal dirigé, elle est la consacration de la liberté.

Cependant il y a dans la Presse, comme dans toutes nos institutions, des abus scandaleux ; le journalisme, sortant des devoirs que lui impose son rôle pacifique et grandiose, se porte très-souvent à des spéculations honteuses.

Des écrivains sans vergogne, et dans un seul but d'"ntérêt, mettent leur plume au service du plus offrant, et font du journalisme un trafic ; ils ne craignent pas d'égarer l'opinion publique en lui servant de fausses nouvelles ou en l'entretenant de révélations calomnieuses ; le but auquel ils visent, c'est par un moyen quelconque d'obtenir une vente plus importante ; c'est une opération commerciale, dont les bénéfices se chiffrent sur la perte de la considération publique d'un honorable citoyen ; ce sont des infamies que la loi doit atteindre et prévenir ; de même que le tribunal correctionnel condamne un épicier malhonnête qui aura volé sur le poids ou trompé l'acheteur en lui vendant une marchandise frelatée, de même un journaliste qui imprime, et vend des fausses nouvelles ou débite des calomnies mensongères, doit être condamné sévèrement comme vol pour tromperie sur la nature de la marchandise vendue.

La Presse, en de telles mains, n'est plus qu'un instrument dangereux ; elle égare l'esprit du peuple et devient une cause de désordre, en lui inculquant des idées ou des théories sociales antihumanitaires ou impraticables. Que la Presse reste ce qu'elle doit être, le commerce de l'intelligence et de l'esprit ; qu'elle concourre, par sa puissance, à demander l'adoption des réformes salutaires que notre pays exige, mais surtout qu'elle comprenne qu'elle doit la première enseigner au peuple la vraie manière de pratiquer la liberté.

FINANCES

Quand on aura, au moyen des réformes générales que je viens d'indiquer, apporté un remède efficace à la mauvaise organisation de toutes nos administrations publiques, il restera bien peu de chose à faire pour mettre en ordre et en équilibre le budget de la France.

L'économie, une fois introduite dans toutes les branches de l'administration, amènera insensiblement un revenu croissant dans les caisses de l'Etat. Nous avons de lourds sacrifices à nous imposer, pour réparer la brèche faite à nos capitaux par l'horrible guerre que nous venons de soutenir contre la Prusse.

Comme mesure impérieuse, il faut mettre un impôt très-fort sur tout ce qui constitue le luxe. Le luxe est le superflu ; les citoyens riches, pour lesquels l'ostentation est une nécessité, peuvent payer le luxe qu'ils affichent. C'est l'impôt de l'argent. Le pauvre sera bien forcé, lui aussi, d'apporter sa cote-part aux contributions nationales, au détriment de son strict nécessaire.

Avec une administration sage, sensée, honnête, sous un régime de *responsabilité générale*, nous arriverons à combler le déficit de nos finances ; nous ramènerons la confiance dans tout le pays, nous imprimerons la sécurité aux affaires et nous mobiliserons les capitaux qui se cachent ; ils viendront d'eux-mêmes, quand nos grandes sociétés financières et industrielles ne seront plus un trafic scandaleux comme sous l'empire, quand nos entreprises commerciales seront basées sur des principes sérieux et loyaux.

Nous pourrons alors nous inspirer des bons exemples des Etats-Unis ; amortir notre dette, comme ils savent chaque année diminuer la leur par la bonne gestion de leurs affaires générales .

La France, adoptant ces réformes sensées, indispensables, utiles, pourra avec orgueil se dire la tête de la civilisation, le bras de l'humanité ; elle aura mérité le titre réparateur que doit comporter la France de l'avenir.

FIN